AF456689

INVENTAIRE
D²
19830

H. D'A. C.

Grandeur de l'Evangile de Dieu

D²

J.-R. MAZEIRAC
LIVRON (Drôme)

D.²
19830

Grandeur de l'Evangile de Dieu

RF
DÉPÔT LÉGAL
IMPRIMÉS

R.F.

« Paul, esclave de Jésus Christ, apôtre appelé, mis à part pour l'évangile de Dieu, (lequel il avait auparavant promis par ses prophètes dans de saintes écritures), touchant son Fils, (né de la semence de David, selon la chair, déterminé Fils de Dieu, en puissance, selon l'Esprit de sainteté, par la résurrection des morts), Jésus Christ, notre Seigneur, par lequel nous avons reçu grâce et apostolat, pour l'obéissance de la foi parmi toutes les nations, pour son nom, parmi lesquelles vous aussi, vous êtes des appelés de Jésus Christ, — à tous les bien-aimés de Dieu qui sont à Rome, saints appelés : Grâce et paix à vous, de la part de Dieu notre Père et du seigneur Jésus Christ !

« Premièrement, je rends grâces à mon Dieu, par Jésus Christ, pour vous tous, de ce que votre foi est publiée dans le monde entier. Car Dieu, que je sers dans mon esprit dans l'évangile de son Fils, m'est témoin que sans cesse je fais mention de vous, demandant toujours dans mes prières, si en quelque manière, maintenant une fois, il me sera accordé par la volonté de Dieu d'aller vers vous. Car je désire ardemment de vous voir, afin de vous faire part de quelque don de grâce spirituel, pour que vous soyez affermis, c'est-à-dire pour que nous soyons consolés ensemble au milieu de vous, vous et moi, chacun par la foi qui est dans l'autre. Or je ne veux pas que vous ignoriez, frères, que je me suis souvent proposé d'aller vers vous (et que j'en ai été empêché jusqu'à présent), afin de recueillir quelque fruit parmi vous aussi, comme parmi les autres nations. Je suis débiteur et envers les Grecs et envers les barbares, et envers les sages et envers les inintelligents : ainsi, pour autant qu'il dépend de moi, je suis tout prêt à vous annoncer l'évangile, à vous aussi qui êtes à Rome.

« Car je n'ai pas honte de l'évangile, car il est la puissance de Dieu en salut à quiconque croit, et au Juif premièrement, et au Grec. Car la justice de Dieu y est révélée sur le principe de la foi pour la foi, selon qu'il est écrit : Or le juste vivra de foi ».

(ROMAINS, I, 1-17)

« Mais Dieu constate son amour à lui envers nous, en ce que, lorsque nous étions encore pécheurs, Christ est mort pour nous. »

(ROMAINS, V, 8)

« Et si aussi notre évangile est voilé, il est voilé en ceux qui périssent, en lesquels le dieu de ce siècle a aveuglé les pensées des incrédules, pour que la lumière de l'évangile de la gloire du Christ, qui est l'image de Dieu, ne resplendît pas pour eux. Car nous ne nous prêchons pas nous-mêmes, mais nous prêchons le Christ Jésus comme Seigneur, et nous-mêmes comme vos esclaves pour l'amour de Jésus. Car c'est le Dieu qui a dit que du sein des ténèbres la lumière resplendît, qui a relui dans nos cœurs pour faire luire la connaissance de la gloire de Dieu dans la face de Christ. »

(2 CORINTHIENS, IV, 3-6)

GRANDEUR DE L'ÉVANGILE DE DIEU

ROMAINS, I, 1-17 ; V, 8 ;
2 CORINTHIENS, IV, 3-6.

Je suis assuré que des milliers de personnes n'ont jamais réellement considéré l'évangile, et n'ont jamais pensé combien il est grand et magnifique. Il est vraiment merveilleux, et il dépasse de beaucoup tout ce dont on a entendu parler dans ce monde. Je mentionnerais plusieurs faits le concernant.

1° LA SOURCE DE L'ÉVANGILE EST DIEU. Il découle par conséquent de la plus haute source concevable — de *Dieu lui-même,* qui est l'Auteur de l'évangile. C'est notre Dieu qui le fit surgir. Quelle source supérieure pourrait-il y avoir à celle-ci — le Dieu bienheureux ? Personne ne lui en a suggéré la pensée. Personne ne lui a proposé de faire quoi que ce soit pour l'homme dans sa terrible nécessité. L'évangile ressortit de l'amour de son cœur. L'amour de Dieu en est la source. S'il en est ainsi, l'évangile est digne de confiance ; il est sans défaut, et de toutes manières digne de Dieu. Rien n'est au-dessus de Dieu : il est la source des bonnes nouvelles. Il faut que Dieu ait ses droits ; il ne peut permettre qu'on le déshonore ; et cependant, il peut nous envoyer un heureux message qui réjouit tout cœur humain qui le reçoit, qui satisfait et réjouit d'une manière indescriptible. Il est appelé l'*évangile de sa grâce*, l'*évangile de sa gloire*, et l'*évangile du Christ*, qui est l'image de Dieu. *Notre Dieu a entrepris de nous sauver*. Mais peut-être n'avez-vous jamais pensé que vous aviez besoin d'être sauvés. Peut-être fermez-vous les yeux au fait que les hommes meurent et que vous entrerez bientôt dans la tombe : et après tout cela il y a le jugement. Ignorez-vous ces choses ? N'y avez-vous jamais pensé ? Dans une telle situation terrible, quel homme pouvait faire quoi que ce soit pour nous ? Alors, qu'il est bon d'apprendre que Dieu lui-même a entrepris de nous sauver.

Et ce n'est pas tout, car

2° LE SUJET DE L'ÉVANGILE EST LE FILS UNIQUE DE DIEU, comme Paul en parle : « l'évangile de Dieu... touchant son Fils... Jésus Christ, notre Seigneur ». Il ne pouvait parler d'un plus grand personnage. Le sujet est très grand, et il ne pouvait envoyer un personnage plus grand que son propre Fils. Vous ne pourriez penser à une source plus élevée que Dieu ; vous ne pourriez pas, non plus, penser à un sujet plus grand et plus glorieux que son Fils. Si le Fils ne pouvait vous sauver, il n'y aurait aucun espoir, car aucun personnage plus grand ne peut se présenter. En donnant son Fils, Dieu a tout donné. Toute la création ne pouvait donner à Dieu la joie et le plaisir qu'il avait en son Fils ; et il a même *donné* son Fils. Quelle magnifique réponse à la méchante suggestion de Satan au jardin d'Eden ! A ce moment-là, Satan avait persuadé l'homme que Dieu voulait le priver de ce qui était bon pour lui, et qu'il lui défendait par conséquent l'arbre de la connaissance du bien et du mal. Mais la vérité, c'est que Dieu ne voulait pas même nous priver de son Fils, car il l'envoya pour nous sauver. Ainsi, la nécessité de l'homme et sa méchanceté manifestent l'amour du cœur de Dieu. Nous ne pouvions nous sauver nous-mêmes; c'est pourquoi il envoya son propre Fils qui devint homme afin de mourir pour nous et de nous sauver. Quel Dieu! Satan essayait d'enlever l'homme à Dieu; mais Dieu ne peut, ni ne veut être privé de l'homme. Il ne peut être trompé ou défait dans sa propre création. Il avait sa ressource: son Fils qu'il allait envoyer. Dieu n'avait pas d'arrière-pensée. Il avait son Fils qu'il était prêt à envoyer. Dès avant la fondation du monde, Dieu avait la pensée de l'envoyer. Dieu ne peut être surpris, car il est infiniment plus grand que Satan. Dieu a besoin de l'homme, et il veut avoir l'homme. Il veut que sa maison soit remplie. Si vous-mêmes, vous n'avez pas le désir d'être dans sa maison, il peut trouver d'autres personnes pour la remplir ; et alors, personne ne manquera, car tous ceux qui devront y être y seront — tous sauvés par Christ. D'autre part, aucun de ceux qui ne doivent pas y être n'y sera — il n'y aura aucun de ceux qui ont dédaigné et rejeté la miséricorde de Dieu.

Dès que l'homme tomba et dès que le péché entra dans le monde, Dieu annonça la naissance de Christ ; il annonça que celui qui naîtrait de la femme serait le Rédempteur, qu'il donnerait son Fils afin qu'il meure pour nous. Comment peut-on considérer l'évangile comme étant insignifiant, puisqu'il concerne *le plus grand personnage qui pouvait venir parmi les hommes ?* S'il en est ainsi (et il en est ainsi), l'évangile implique les plus glorieuses nouvelles qui aient jamais été annoncées. L'évangile ne *vous* concerne pas, quoiqu'il soit pour vous. Il ne parle pas de ce que vous pouvez faire pour votre salut, car vous ne pouvez rien faire. Il ne parle même pas de votre bonté : « Il n'y en a aucun qui exerce la bonté, il n'y en a pas même un seul ». Non, l'évangile ne parle pas de nous, mais de Christ, du Fils de Dieu. Il dit ce que Christ a fait, et comment il agit afin que « celui qui est chassé ne demeure plus chassé loin de lui ». Ainsi, l'évangile révèle l'amour de Dieu. Afin que l'homme ne soit pas perdu, il a donné son Fils pour nous. Si donc le Fils de Dieu n'avait rien pu faire pour nous et s'il n'avait rien fait, alors il n'y aurait absolument aucun espoir, car il ne pouvait venir de plus grand personnage que le cher Fils unique de Dieu. C'est lui qui est allé à la mort pour nous et qui peut en estimer les conséquences ou en mesurer les résultats ? Cela veut dire que

3° L'ÉTENDUE DE L'ÉVANGILE EST SANS LIMITE. Elle doit correspondre à la grandeur de la Source et à la grandeur du Sujet. C'est *tout le monde,* car l'évangile est pour *tous les hommes.* Il n'y a pas de limite. « Notre Dieu Sauveur... veut que tous les hommes soient sauvés et viennent à la connaissance de la vérité ». Il ne veut pas « qu'aucun périsse mais que tous viennent à la repentance ». Dieu est bon envers tous ; il pense à tous ; il prend soin de tous. Christ mourut pour tous ; il « s'est donné lui-même en rançon pour tous ». L'évangile venant de Dieu lui-même et concernant son Fils ne pouvait être limité à une nation ; il *doit être* pour tous, et il *est* pour tous. Dieu voudrait encourager tout homme, et nous voudrions faire de même, car personne n'est trop mauvais pour être sauvé ; aucun cas n'est désespéré. L'évangile est pour les noirs et pour les blancs, pour les riches et pour les pauvres, pour les vieux et pour les jeunes. Dieu ne laisse jamais personne dehors. Si la Source de l'évangile est grande et ne peut être plus grande, et si le Sujet aussi est également grand, alors je puis dire que l'étendue doit être digne de Dieu et digne de son Fils. Elle ne peut être moindre ; elle doit être d'une grandeur correspondante. Au fait, elle ne peut être plus grande, car elle comprend « tous ». Christ est le « Sauveur du monde ». La mission donnée aux disciples par le Seigneur ressuscité d'entre les morts (avant son ascension) fut : « Allez dans tout le monde, et prêchez l'évangile à toute la création. Celui qui aura cru et qui aura été baptisé sera sauvé; et celui qui n'aura pas cru sera condamné ». J'espère donc qu'aucun de vous ne pensera être laissé dehors, car Dieu tient compte de vous; il veut vous recevoir, malgré votre indignité. Personne n'est digne; cependant, Dieu n'en laisse aucun dehors. Son évangile est *pour tous;* par conséquent, il est *pour vous.*

4° L'OPPORTUNITÉ DE L'ÉVANGILE EST ÉVIDENTE. L'évangile est en accord avec Dieu qui l'a envoyé; et il convient à tous et répond aux besoins de tous. Révélant *la justice de Dieu,* il montre combien Dieu est « juste et justifiant celui qui est de la foi de Jésus ». Il était nécessaire que la justice intervienne, car « tous ont péché », et « il n'y a point de juste, non pas même un seul ». Ce qui nous était nécessaire, Dieu nous en fait don — il nous donne la justice par Christ, « car aussi Christ a souffert une fois pour les péchés, le Juste pour les injustes, afin qu'il nous amenât à Dieu. » Ainsi, les justes revendications de Dieu contre nous comme pécheurs ont été satisfaites quand Jésus versa son sang, mourant pour nous et portant nos péchés, les péchés de tous ceux qui le reçoivent et croient en lui. Nous ne méritions que le jugement, à cause de notre méchanceté, mais l'évangile montre comment Dieu a agi à notre égard, non en nous jugeant personnellement, mais en jugeant son propre Fils qui souffrit pour nous sur la croix. De cette manière, Dieu peut offrir à tous sa justice, comme don gratuit, et en revêtir tous ceux qui croient. L'écriture dit : « Par lui vous est annoncée la rémission des péchés, et... quiconque croit est justifié par lui ». Ainsi, l'évangile fait face à tous nos besoins. Il nous apporte le pardon, et nous revêt de justice.

Plus encore, il révèle *la puissance de Dieu* annulant la mort et ressuscitant Christ d'entre les morts. *La mort n'est plus !* Dans la personne de Jésus, nous voyons l'homme ressuscité d'entre les morts et vivant à Dieu et pour Dieu à toujours. La mort a été anéantie et annulée car Celui qui mourut pour nous est ressuscité d'entre les morts, vivant pour toujours. Il est ressuscité pour notre justification, afin que nous apprenions en lui que notre justification est si complète et notre culpabilité si pleinement mise de côté (expiation étant faite) que la mort elle-même peut maintenant être annulée ; et elle a été annulée pour un Homme, notre Seigneur Jésus Christ. En d'autres termes, Dieu a ressuscité Christ d'entre les morts pour montrer à ceux qui croient en lui qu'ils n'ont pas à mourir sous le jugement de Dieu, que la mort n'a maintenant aucun droit sur nous, et que nous devons vivre éternellement avec Christ de l'autre côté de la mort, dans la gloire de Dieu. Pensez à la mort ! La race humaine a été retenue sous sa puissance pendant quatre mille ans. Mais nous pouvons maintenant dire qu'un Homme est vivant d'entre les morts. Cet Homme a été mort ; il a été mis dans un tombeau, et une grande pierre a été roulée contre son tombeau. Mais il ressuscita et se présenta vivant à ses disciples, leur montrant qu'il n'était pas un esprit, mais réellement le même Jésus, ressuscité afin de ne plus mourir. Vous voyez que dans le cas d'un

Homme la mort n'est plus ; et bientôt tous les croyants seront effectivement en dehors de la mort, dans des corps glorifiés, semblables à Christ lui-même. Ainsi, l'évangile révèle la puissance de Dieu pour briser les portes de la mort et pour amener l'homme à vivre à toujours avec lui. C'est une chose beaucoup plus grande et beaucoup plus difficile que de frayer un chemin sur terre sèche pour traverser l'Océan Atlantique et aller en Amérique, en séparant les eaux comme Dieu l'avait fait à la Mer Rouge. Pour le croyant, la mort n'est plus le jugement de Dieu ; elle est comme un ami, lui ouvrant un chemin pour être avec Christ loin de la douleur et du mal. Bientôt, la mort sera définitivement ôtée et engloutie en victoire. Si Christ venait maintenant (et nous l'attendons à tout instant), nous ne mourrions jamais ; ceux qu'il trouvera dans la tombe, il les ressuscitera en gloire.

Mais l'évangile fait plus encore. Il tient compte du fait que nous sommes naturellement très faibles et facilement entraînés dans le péché ou dans le mal ; de sorte qu'en venant à Christ et en croyant en

Lui, nous recevons le Saint Esprit. C'est le propre Esprit de Christ, et par la puissance de l'Esprit nous sommes capables de surmonter le mal et de marcher d'une manière agréable à Dieu. Nous devenons ainsi de plus en plus conformes à Christ. Nous apprenons à marcher sur les traces de celui qui n'a pas péché et dans la bouche duquel il n'y avait pas de fraude. Combien Dieu est bon de nous donner le Saint Esprit, de sorte qu'en nous confiant à l'Esprit et en marchant dans l'Esprit, nous n'accomplirons pas les convoitises de la chair, et nous serons capables de vivre en ce qui est pur, et saint, et bon, et nous constaterons que nos pensées sont tout à fait différentes de ce qu'elles seraient naturellement. Non seulement l'évangile met en lumière la justice de Dieu et sa puissance, mais il révèle aussi *l'amour de Dieu*. Le Saint Esprit qui nous est donné verse son amour dans nos cœurs. Il nous enseigne à vivre dans l'amour de Dieu qui nous a donné son Fils, car « Dieu constate son amour à lui envers nous, en ce que, lorsque nous étions encore pécheurs, Christ est mort pour nous ». Au lieu de provoquer le jugement de Dieu à cause de nos péchés, notre grande nécessité lui donna l'occasion de manifester son grand amour envers nous en envoyant son propre Fils mourir pour nous. Nous n'avons maintenant qu'à accepter l'amour de Dieu et qu'à vivre dans cet amour.

5° LE SCEAU DE L'ÉVANGILE EST LE SAINT ESPRIT, *de sorte que tout est assuré et stable.* Christ donne son Esprit à ceux qui croient en lui, afin que nous soyons différents de ceux qui n'ont pas de réalité, qui ne sont chrétiens que de nom, les simples professants. Tous ceux qui croient en Christ sont ainsi distingués des autres et protégés par le sceau de l'Esprit. Ephésiens I, 13 dit : « En qui vous aussi vous avez espéré, ayant entendu la parole de la vérité, l'évangile de votre salut ; auquel aussi ayant cru, vous avez été scellés du Saint Esprit de la promesse, qui est les arrhes de notre héritage, pour la rédemption de la possession acquise, à la louange de sa gloire » ; et le chapitre IV, 30 : « N'attristez pas le Saint Esprit de

Dieu, par lequel vous avez été scellés pour le jour de la rédemption », c'est-à-dire jusqu'à ce que nos corps mêmes soient rachetés et glorifiés, rendus conformes au corps glorieux de Christ. Le croyant est assuré à toujours, car les brebis de Christ ne périront jamais. Jamais Christ ne perd un seul homme. Il protège tous les siens et les sauve tout le long du voyage, et jusqu'à la fin.

Tout ce que je viens de dire montre *la stabilité de l'évangile : il ne peut être détruit.* Il a résisté à l'épreuve des siècles. Rien ne peut l'ébranler. La fondation est sûre, ayant pour principes la justice, la sainteté et la vérité ; oui, il est fondé sur l'amour de Dieu, et il est aussi ferme que Dieu lui-même. Dieu lui-même serait vaincu, si l'évangile était renversé. En ce qui concerne l'évangile, rien n'est faux, rien n'est injuste, rien n'est impur. Il est absolument parfait et béni. Du commencement à la fin, toute l'histoire de l'évangile est pleine de gloire — la venue de Christ dans ce monde, sa naissance, sa vie, son ministère, sa résurrection, son ascension à la droite de Dieu. L'évangile est parfait en toutes ses parties. Le monde sera ébranlé; mais l'évangile de Dieu ne le sera jamais.

6° La supériorité de l'évangile est indéniable. Il est supérieur à tous les systèmes humains et à tout ce que l'homme s'est proposé pour son amélioration ; oui, il est même de beaucoup supérieur à la loi de Dieu, car la loi, sainte, juste et bonne, ne pouvait que maudire ceux qui y désobéissaient. Elle pouvait juger, mais non sauver ; elle ne pouvait pas donner de force à l'homme pour aimer Dieu et son prochain comme lui-même. Seulement l'évangile peut ôter le péché et la mort, et nous donner la puissance de vivre pour Dieu. L'évangile n'a point de supérieur, point de rival ; car seul l'évangile a un Homme ressuscité à présenter aux hommes — le Christ ressuscité. Il est le seul Homme qui soit entré dans la mort, qui soit ressuscité et qui soit devenu le Capitaine du salut de tous ceux qui croient en lui. Le faux prophète Mahomet avait une foule de disciples, mais il est entré dans la tombe : aucun homme mort ne peut être notre sauveur. Mais en ressuscitant, Christ a détruit la puissance de la mort pour lui-même et pour tous ses disciples. L'évangile surpasse tout ce dont on ait jamais entendu parler dans ce monde. Mais plus encore,

7° LA SUFFISANCE DE L'ÉVANGILE EST ABONDAMMENT PROUVÉE. Dès le début, Christ nous a pleinement satisfaits. Ceux qui le reçoivent ont une si grande satisfaction qu'ils ne désirent rien autre. Le même Christ satisfait les anciens et les jeunes. Le même Christ satisfait les chrétiens au XXe siècle comme il satisfaisait les chrétiens du premier siècle. Aucun d'entre nous n'a jamais désiré que Dieu envoie un autre Christ. En lui nous trouvons tout ce que nous désirons. Il y a en lui une plénitude telle qu'il suffit pour le temps et pour l'éternité. Il satisfait même un enfant ; et cette pensée me conduit à un autre point :

8° LA SIMPLICITÉ DE L'ÉVANGILE EST TELLE QU'UN ENFANT PEUT LE COMPRENDRE. L'esprit le plus simple, l'intelligence la plus faible peut en saisir la signification. Les enfants trouvent qu'il n'y a rien de si simple que de croire au Seigneur Jésus qui les comprend mieux qu'un père ou qu'une mère. L'évangile est aussi à la portée de tous, car il ne réclame rien de nous. Il ne demande pas que nous nous rendions convenables pour Dieu, ou que nous fassions des bonnes œuvres auparavant. Non, il s'adresse à tous ceux qui se repentent et croient. Se repentir est changer de pensée, et reconnaître la vérité qu'on est un pécheur coupable, qu'on a eu tort, qu'on a offensé Dieu en marchant dans un chemin de propre volonté. Tous ceux qui se repentent sont encouragés à croire l'évangile et à se confier au Seigneur Jésus Christ. Tous ceux qui croient en lui sont justifiés de toutes choses. Dès l'instant que vous sentez et reconnaissez votre nécessité, l'évangile vous encourage et vous parle de celui qui « a souffert une fois pour les péchés, le Juste pour les injustes ». Lorsque nous étions encore pécheurs, Christ est mort pour nous. Quand le geôlier demanda : « Que faut-il que je fasse pour être sauvé ? » la réponse fut si simple qu'un enfant aurait pu la comprendre : « Crois au Seigneur Jésus, et tu seras sauvé ». Il ne vous est pas dit de croire à quelque chose sur quoi vous ne puissiez compter, ou à quelqu'un de mort, mais à celui qui est vivant, au Seigneur Jésus Christ que Dieu a ressuscité d'entre les morts après avoir été livré pour nos fautes. En vérité, rien n'est plus simple que la foi, pourvu que celui en qui vous placez votre foi en soit digne, pourvu que vous puissiez compter sur lui — et personne plus que Jésus n'est digne de confiance. Des millions de personnes l'ont éprouvé. Si nous étions sauvés par les œuvres, nous ne saurions jamais si nous en avons suffisamment fait pour être sauvés; et ensuite, nous nous glorifierions de nos œuvres et de notre supériorité. Mais le salut ne consiste pas en œuvres, afin que nul ne se glorifie. Il ne s'agit absolument que de foi — ce qu'il y a de plus simple pour pouvoir profiter du salut qui vous est apporté. La foi nous invite à compter sur Dieu seul qui s'est pleinement révélé comme Sauveur dans son propre Fils bien-aimé, le Seigneur Jésus

Christ. Dieu nous annonce de bonnes nouvelles, des nouvelles tout à fait dignes de confiance ; et il nous sauve en croyant au Seigneur. Il nous présente une personne plus digne de confiance que tout autre — le Seigneur Jésus, un Homme vivant, le propre Fils de Dieu ; et il justifie tous ceux qui croient simplement en lui. L'évangile est vraiment simple.

D'autre part,

9° LE BUT DE L'ÉVANGILE EST D'UNE GRANDEUR INCONCEVABLE. Ce que Dieu se propose, pour ceux qui croient en lui, dépasse toute imagination. L'évangile va plus loin que la délivrance de nos péchés. Non seulement nous sommes sauvés de la mort et du jugement, non seulement Dieu nous pardonne, mais il fait de nous ses fils et nous donne, quand nous croyons, l'Esprit d'adoption par lequel nous crions : « Abba, Père ». Plus encore, il nous donnera bientôt l'image même de l'adoption, nous rendant conformes à l'image de son propre Fils, de sorte qu'en nos corps mêmes nous serons semblables à Christ. Puis, dans toute la dignité et dans toute la gloire filiale, nous serons introduits par Christ dans la maison du Père où nous demeurerons à toujours dans l'amour, devant sa face. Il est merveilleux d'être pardonné et sauvé, mais personne ne pourrait penser que Dieu fasse plus encore — et beaucoup plus — car il fait de nous ses propres fils, nous donnant une place au ciel, pour nous avoir auprès de lui, saints et sans tache, dans sa présence immédiate, et pour toujours dans l'amour. Et ce n'est pas tout, car les croyants sont baptisés par un seul Esprit en un seul corps, pour former l'église de Dieu ou l'assemblée, le corps de Christ, et son épouse.

La place d'honneur et de gloire, dans les siècles à venir, dépasse toute conception humaine. L'église, comme corps de Christ, sera la plénitude de celui qui remplit tout en tous. Par le moyen de son corps, Christ remplira et satisfera tout l'univers. Chaque membre de son corps sera un rayon de sa gloire, et sous le caractère de cité céleste (le système politique), il éclairera les nations de la connaissance de l'amour de Dieu et amènera la bénédiction sur le monde entier. Quand Christ viendra régner, l'église l'accompagnera pour régner avec lui dans ce jour de gloire milléniale. Il est impossible de décrire la position élevée et la gloire dans laquelle resplendira l'église (composée de tous les vrais croyants en Christ), dans cet univers de bénédiction que Christ introduira et dont il sera le Centre et le Soleil. Vous voyez donc combien sont immenses les bénédictions de l'évangile ; et toutes s'accordent avec la Source, Dieu lui-même, et avec le Sujet, son propre Fils. Alors vous ne serez pas étonnés d'apprendre que

10° LE PLUS GRAND EXEMPLE DE L'ÉVANGILE EST SAUL DE TARSE, LE PREMIER DES PÉCHEURS. Dieu a sauvé le plus grand pécheur qui ait jamais vécu — Saul de Tarse, dont le grand but avait été de se débarrasser de tout ce qui est de Christ et d'effacer le nom de Jésus. Cependant, dans sa merveilleuse grâce, Dieu sauva cet homme. Il allait, respirant menace et meurtre contre les disciples du Seigneur. Il mettait à mort les brebis de Christ, telle était l'intensité de sa haine contre Christ. Plus il les persécutait, plus l'Esprit de Christ se manifestait en ceux qu'il persécutait. Saul les entèndit même prier pour leurs persécuteurs, et ce doux esprit de Christ le rendait furieux. Il croyait que Jésus était un imposteur, un faux-christ; il le croyait mort, et dans la tombe. Mais, à son étonnement, au moment où il allait entrer à Damas pour arrêter les disciples de Christ, il fut inondé d'une grande lumière venant du ciel, et il vit au centre de cette lumière, dans le ciel même, cet Homme qu'il croyait dans la tombe — Jésus, le Fils de Dieu, exprimant (comme il pouvait seul le faire) tout l'amour de Dieu. Cet amour enveloppait le premier des pécheurs, Saul de Tarse; cet amour l'anéantissait complètement et le gagnait à toujours. Quand il vit que c'était Jésus qu'il persécutait, il fut complètement subjugué et demanda : « Que dois-je faire, Seigneur? » Cette lumière lui indiquait qu'il ne devait pas périr, car Jésus était mort pour lui; et la gloire qui resplendissait était la gloire d'un Sauveur. Saul devait être, pour le monde, le grand exemple de ce que peut faire la grâce de Dieu pour des pécheurs. Cet homme fut changé ; au lieu de brûler de haine contre Christ, son cœur fut alors rempli du plus grand amour envers lui et envers tous ceux qui ont son Esprit. L'amour de Christ lui commandait d'être son serviteur dévoué, le plus grand de tous les apôtres, le serviteur le plus distingué dans ce monde. Tout cela montre que

11° LE SERVICE DE L'ÉVANGILE EST EXTRÊMEMENT GRAND. Tous les croyants sont appelés à ce service. Tous sont appelés à rendre témoignage à Christ et à servir le Seigneur. Tous sont appelés à faire la volonté du Seigneur et à lui plaire constamment, au lieu de faire leur propre volonté. C'est notre service et notre privilège de faire connaître l'amour de Dieu dans ce monde ténébreux et d'encourager tout homme à se repentir et à se tourner vers Dieu.

12° LE SUCCÈS DE L'ÉVANGILE NE SERA PLEINEMENT CONNU QUE DANS LE JOUR DE

Le Seigneur en haut conduisant en triomphe

Seigneur, nous te considérons
   Loin des maux de la terre,
Là même où nous nous rencontrons
   Prosternés en prière.

En paix nous nous tournons vers toi,
   Seigneur toujours fidèle.
Nos cœurs trembleraient-ils d'effroi
   A l'ombre de ton aile ?

Dans notre grande infirmité,
   Tout le long de la course,
Ton amour reste, illimité,
   Notre unique ressource.

Tu protèges toujours les tiens
   Engagés dans la lutte ;
Dans ton amour, tu les soutiens
   Gardés de toute chute.

Si nous ne pouvons, au combat,
Nous servir de l'épée,
Par ta parole, avec éclat,
La crainte est dissipée.

Quand l'adversaire est furieux,
Tiens-nous en ta présence.
Seigneur Jésus victorieux,
Donne-nous confiance.

Pour conserver notre dépôt,
Même dans la détresse,
Nous fixons les regards en haut,
Eprouvant ta tendresse.

Et si de nombreux ennemis
Se trouvent sur la route,
Tu préserveras tes brebis
De la crainte et du doute.

Par ta grâce, Seigneur Jésus
Exalté dans la gloire,
Tu conduis tes heureux élus
De victoire en victoire.

(Imité de H. D'A. C.)

SÉRIES D'ÉVANGÉLISATION

par H. D'A. C.

ARBRE DE VIE

Arbre de Vie. — Bonnes Nouvelles. — Grâce et Gloire. — L'Evangile de la Gloire.

PRIX :

Chaque série brochée **0 60**
Les 4 séries reliées toile **3 75**

SÉRIE D'AFFRANCHISSEMENT

par H. D'A. C.

LA BONTÉ DE DIEU

La Bonté de Dieu. — La Grâce merveilleuse de Dieu envers le premier des pécheurs. — Les Délices de Dieu parmi les Hommes. — Départ triomphant du Fils de Dieu. — Grandeur de l'Evangile de Dieu. — L'Evangile du Christ.

PRIX :

Chaque exemplaire **0 25**
La série brochée (sur papier luxe) . **2 25**
La série reliée toile (sur papier luxe). **3 75**

Se trouvent chez :

G. BLANC, Rue Saunière, **Valence** (Drôme)

IMPRIMERIE NOUVELLE - VALENCE

www.ingramcontent.com/pod-product-compliance
Ingram Content Group UK Ltd.
Pitfield, Milton Keynes, MK11 3LW, UK
UKHW022146260726
13993UKWH00005B/2179

9 782329 196688